DEPORTES PARA
PRINCIPIANTES

Trabajo en equipo en el fútbol americano

Bobbie Kalman y John Crossingham

 Crabtree Publishing Company

www.crabtreebooks.com

DEPORTES PARA PRINCIPIANTES

Creado por Bobbie Kalman

Dedicado por Michael Hodge
Para Matt y Jen: Felicitaciones por comenzar una nueva vida juntos.

Editora en jefe
Bobbie Kalman

Equipo de redacción
Bobbie Kalman
John Crossingham

Editora de contenido
Kelley MacAulay

Editor de proyecto
Robert Walker

Editoras
Molly Aloian
Kathryn Smithyman

Investigación fotográfica
Crystal Sikkens

Diseño
Margaret Amy Salter

Consultor lingüístico
Dr. Carlos García, M.D., Maestro bilingüe de Ciencias,
    Estudios Sociales y Matemáticas
Coordinadora de producción
Margaret Amy Salter
Consultor
Jason Aikens
Conservador de colecciones
Salón de la Fama del Fútbol Americano Profesional
Ilustraciones
Todas las ilustraciones son de David Calder excepto:
Bonna Rouse: páginas 6, 7 (cancha de fútbol americano)
Fotografías
Associated Press: página 13
Icon SMI: página 14; Matt Brown: página 19; Jeff Carlick: página 21; Mark Cowan: páginas 24, 28;
    Hans Deryk/Toronto Star/ZUMA Press: página 29; Bob Leverone/TSN/ZUMA Press:
    página 23; James D. Smith: página 20; WD: página 16
iStockphoto.com: James Boulette: páginas 4, 10-11; Sean Locke: página 27; Curtis J. Morley: página 8;
    Todd Taulman: página 3; Tony Tremblay: página 31
© Photosport.com: páginas 12, 15, 17, 18, 22, 25, 26
© ShutterStock.com/G. Lewis: página 30
Otras imágenes de Digital Stock y Photodisc
Traducción
Servicios de traducción al español y de composición de textos
    suministrados por translations.com

Library and Archives Canada Cataloguing in Publication

Kalman, Bobbie, 1947-
    Trabajo en equipo en el fútbol americano / Bobbie Kalman y John
Crossingham.

(Deportes para principiantes)
Includes index.
Translation of: Huddle up football.
ISBN 978-0-7787-8639-9 (bound).--ISBN 978-0-7787-8648-1 (pbk.)

    1. Football--Juvenile literature. I. Crossingham, John, 1974- II. Title.
III. Series.

GV950.7.K2418 2008   j796.332   C2008-902905-4

Library of Congress Cataloging-in-Publication Data

Kalman, Bobbie.
    [Huddle up football. Spanish]
    Trabajo en equipo en el fútbol Americano / Bobbie Kalman y John
Crossingham.
        p. cm. -- (Deportes para principiantes)
    Includes index.
    ISBN-13: 978-0-7787-8648-1 (pbk. : alk. paper)
    ISBN-10: 0-7787-8648-X (pbk. : alk. paper)
    ISBN-13: 978-0-7787-8639-9 (reinforced library binding : alk. paper)
    ISBN-10: 0-7787-8639-0 (reinforced library binding : alk. paper)
    1. Football--Juvenile literature. I. Crossingham, John, 1974- II. Title.
III. Series.

GV950.7.K2718 2009
796.332--dc22   2008019141

Crabtree Publishing Company

www.crabtreebooks.com   1-800-387-7650

Publicado en Canadá
Crabtree Publishing
616 Welland Ave.
St. Catharines, ON
L2M 5V6

Publicado en los Estados Unidos
Crabtree Publishing
PMB16A
350 Fifth Ave., Suite 3308
New York, NY 10118

Publicado en el Reino Unido
Crabtree Publishing
White Cross Mills
High Town, Lancaster
LA1 4XS

Publicado en Australia
Crabtree Publishing
386 Mt. Alexander Rd.
Ascot Vale (Melbourne)
VIC 3032

Impreso en Canadá

Contenido

El fútbol americano

El fútbol americano es el **deporte de equipo** más popular en América del Norte. En un deporte de equipo se enfrentan dos equipos. Los equipos de fútbol americano juegan en un gran campo que se llama **cancha de fútbol americano**. Cada equipo intenta anotar puntos. Lo hacen llevando o pateando el balón a la **zona de anotación** del otro equipo. La zona de anotación es un área que se encuentra en cada extremo del campo. El equipo con más puntos al final del partido es el ganador.

*Un partido de fútbol americano dura una hora. Se divide en cuatro períodos llamados **cuartos**.*

¿Ofensiva o defensiva?

Cuando un equipo tiene el balón, está jugando a la **ofensiva**. Ese equipo intenta anotar puntos. El equipo que no tiene el balón está jugando a la **defensiva**. Ese equipo intenta detener a sus **oponentes** para que no anoten puntos.

¡Muchos jugadores!

Cada equipo de fútbol americano tiene un grupo de **jugadores ofensivos**. Cuando un equipo está a la ofensiva, sus jugadores ofensivos están en el campo de juego. Cada equipo tiene también un grupo de **jugadores defensivos**. Cuando un equipo está a la defensiva, sus jugadores defensivos están en el campo de juego.

Cada equipo tiene once jugadores en la cancha.

5

En la cancha

Una cancha de fútbol americano mide 120 yardas (110 m) de largo y tiene líneas que se llaman **líneas de yardas**. Estas líneas miden la longitud del campo. Las **líneas laterales** marcan los costados del campo. Si el balón pasa por encima de una línea lateral, queda **fuera del terreno de juego**. Cuando esto sucede, la jugada se detiene.

Zonas de anotación

Hay una zona de anotación en cada extremo del campo. Una **línea de meta** marca el comienzo de esta zona. Un equipo anota un *touchdown* o anotación cuando mete el balón en la zona de anotación del oponente. Un *touchdown* vale seis puntos. Un equipo anota un **gol de campo** cuando patea el balón y éste pasa entre los **postes** del oponente. Un gol de campo vale tres puntos.

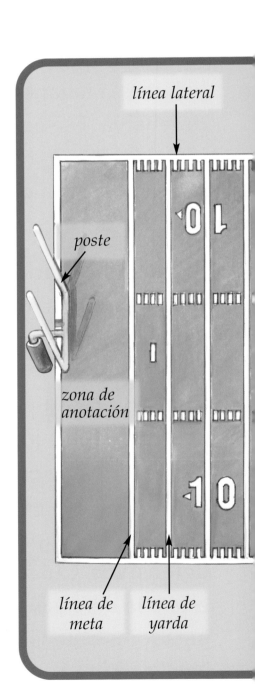

línea lateral

poste

zona de anotación

línea de meta

línea de yarda

Jugar a la ofensiva

Cada jugador de fútbol americano ocupa una **posición**. Abajo se ven las posiciones ofensivas en color azul. Cinco jugadores forman un grupo de **linieros ofensivos**. De izquierda a derecha, los linieros ofensivos son: el **tacle ofensivo izquierdo**, el **guardia izquierdo**, el **centro**, el **guardia derecho** y el **tacle ofensivo derecho**. Algunas veces, el **ala cerrada** actúa como sexto liniero ofensivo.

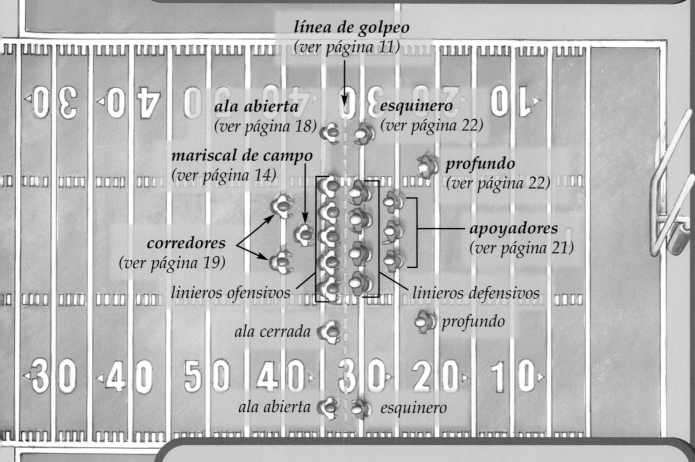

línea de golpeo
(ver página 11)

ala abierta
(ver página 18)

esquinero
(ver página 22)

mariscal de campo
(ver página 14)

profundo
(ver página 22)

corredores
(ver página 19)

apoyadores
(ver página 21)

linieros ofensivos

linieros defensivos

ala cerrada

profundo

ala abierta

esquinero

Jugar a la defensiva

Arriba se ven las posiciones defensivas en color rojo. Los **tacles defensivos** y las **alas defensivas** forman un grupo de jugadores defensivos llamados **linieros defensivos**.

7

Patada de salida

Cada equipo de fútbol americano tiene grupos de jugadores llamados **equipos especiales**. Estos equipos están en el campo de juego cuando empieza el partido. El partido comienza con una **patada de salida**. En la patada de salida, el jugador de uno de los equipos patea el balón a los jugadores del equipo rival. Un jugador del equipo rival atrapa el balón y corre con él lo más posible hacia la línea de meta del equipo oponente.

*El jugador de la derecha es un **pateador**.*
Le está pateando el balón al equipo rival.

¡Tacleado!

Cuando un jugador corre con el balón, sus oponentes tratan de **taclearlo** para detenerlo. Taclear significa derribar a un rival. La línea de yarda donde cae el jugador es el lugar donde se hará el **primer intento** (ver página 10). Después de la patada de salida, los equipos especiales salen del campo de juego y los jugadores ofensivos y los defensivos entran a la cancha.

Un jugador taclea a otro que tiene el balón.

Cuatro intentos

Los jugadores ofensivos tienen cuatro oportunidades para mover el balón hacia la zona de anotación del equipo rival. Pueden avanzar corriendo o con **pases**. Cada oportunidad para mover el balón se llama **intento**. Los cuatro intentos se llaman: primer intento, **segundo intento, tercer intento** y **cuarto intento**.

Conseguir más intentos

En los cuatro intentos, el equipo ofensivo debe avanzar el balón por lo menos diez yardas. Si lo logra, consigue cuatro intentos más. Los intentos adicionales le dan al equipo la posibilidad de acercar el balón aún más a la zona de anotación de su rival. Los jugadores defensivos taclean a los jugadores ofensivos para que no logren avanzar las diez yardas. Si en los cuatro intentos el equipo ofensivo no mueve el balón al menos diez yardas, el otro equipo obtiene el balón.

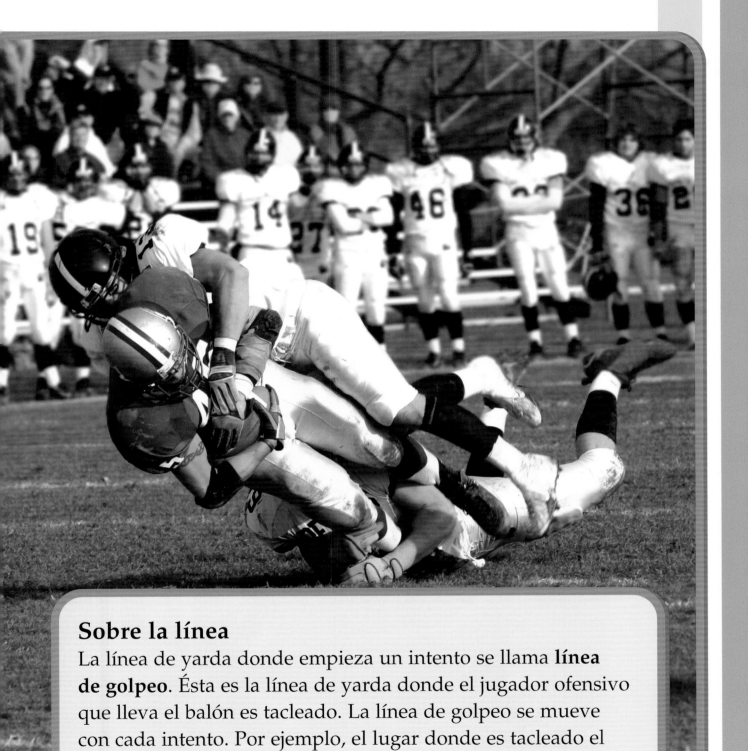

Sobre la línea

La línea de yarda donde empieza un intento se llama **línea de golpeo**. Ésta es la línea de yarda donde el jugador ofensivo que lleva el balón es tacleado. La línea de golpeo se mueve con cada intento. Por ejemplo, el lugar donde es tacleado el jugador de azul que ves abajo será la nueva línea de golpeo. El próximo intento comenzará en ese lugar.

¡Patea!

A veces, los jugadores ofensivos usan el cuarto intento para patear un gol de campo. Para convertir un gol de campo, el pateador patea el balón hacia los postes del equipo oponente. Si el balón pasa entre los postes, el equipo consigue tres puntos. Es muy difícil patear el balón entre los postes; por eso el pateador sólo intenta anotar un gol de campo cuando el equipo se encuentra cerca de los postes.

La jugadora de la izquierda es una pateadora. Está pateando un gol de campo.

¡Despéjala!

A veces, el equipo ofensivo está muy lejos de los postes para anotar un gol de campo. Entonces, el equipo usará el cuarto intento para hacer una **patada de despeje**. Cuando un equipo ofensivo realiza una patada de despeje, un jugador ofensivo, llamado **pateador de despeje**, patea el balón lejos de la zona de anotación de su equipo. Un jugador del equipo defensivo atrapa el balón y corre con él hasta que lo taclean.

Más lejos

El lugar donde taclean al jugador se convierte en la línea de golpeo. Esta línea estará más lejos de la zona de anotación de lo que estaría si el equipo ofensivo no hubiera despejado el balón.

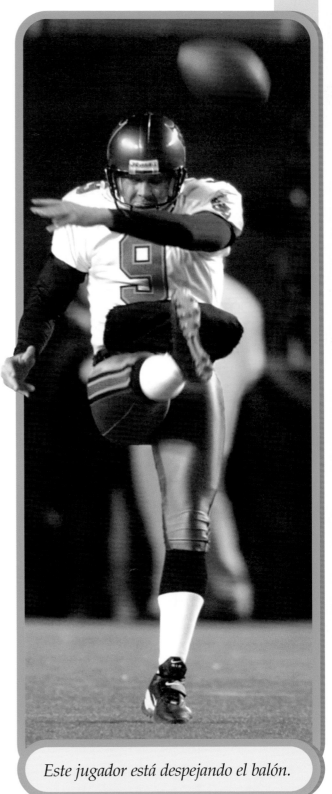

Este jugador está despejando el balón.

Mariscales de campo

El mariscal de campo lidera a los jugadores ofensivos del equipo. Al comienzo de cada intento, el jugador le **centra el balón** al mariscal de campo. El mariscal de campo luego lo entrega a otro jugador, que se convierte en el **jugador con el balón**. Los jugadores con el balón son los que corren con él hacia la zona de anotación del oponente y tratan de anotar puntos.

mariscal de campo

Al centrar el balón, el centro le pasa el balón al mariscal de campo entre las piernas. El mariscal de campo luego lo entrega a otro jugador.

¡Amontónense!

Antes de cada intento, los jugadores ofensivos hacen una **reunión** muy breve. En esta reunión, el mariscal de campo les dice a los jugadores qué **jugada** usarán. Una jugada es un plan. La jugada le indica a cada jugador qué debe hacer durante el intento. La jugada ayuda a los jugadores con el balón a evitar a los jugadores defensivos y llegar a la zona de anotación.

Este equipo se reúne. La mariscal de campo les indica a sus compañeras qué jugada usarán.

Linieros ofensivos

Los linieros ofensivos son los jugadores ofensivos más fuertes y pesados. Inician cada intento agachados a lo largo de la línea de golpeo. Los linieros ofensivos no llevan el balón. Después de centrar el balón, aprovechan su tamaño y su fuerza para evitar que los oponentes tacleen al mariscal de campo.

Este liniero ofensivo (de blanco) detiene a un jugador defensivo.

Proteger al mariscal de campo

Los linieros ofensivos **bloquean** a los oponentes para evitar que tacleen al mariscal de campo. Un liniero ofensivo bloquea a un jugador defensivo empujándolo para alejarlo del mariscal de campo. Los linieros ofensivos bloquean a los jugadores defensivos para que el mariscal de campo tenga tiempo de entregarle el balón a otro jugador.

Estas linieras ofensivas (de blanco) empujan a sus oponentes para que la jugadora con el balón tenga el camino libre. Ahora ella puede alejarse de sus oponentes.

Jugadores con el balón

Las alas abiertas y los corredores son los jugadores ofensivos que por lo general llevan el balón. Después de centrar el balón, las alas abiertas corren hacia la zona de anotación. El mariscal de campo lanza pases para que el balón llegue a los receptores.

Ala cerrada

A veces, el ala cerrada juega como una tercera ala abierta. Las alas cerradas se quedan más cerca de la línea de golpeo que las alas abiertas. Atrapan pases más cortos que las alas abiertas.

Esta ala abierta atrapó el balón. Ahora intentará llegar a la zona de anotación para conseguir puntos.

Este corredor (de azul) intenta llegar a la zona de anotación antes de ser tacleado.

A toda marcha

A veces, el mariscal de campo le entrega el balón a un corredor en vez de lanzar un pase a un ala abierta. Esta entrega se llama **entrega de balón**. En la entrega de balón, el mariscal de campo extiende el brazo con el balón. El corredor lo toma y corre. Una vez que el corredor tiene el balón, corre hacia la zona de anotación.

Los siete frontales

Los **siete frontales** son un grupo de linieros y apoyadores defensivos. Los linieros defensivos por lo general son dos tacles defensivos y dos alas defensivas. Los linieros defensivos inician cada intento agachados a lo largo de la línea de golpeo. Ellos enfrentan a los linieros ofensivos. Los linieros defensivos son fuertes y pesados. Ellos intentan empujar a los linieros ofensivos para pasar. Si lo logran, taclean al mariscal de campo si es que tiene el balón.

Cuando el mariscal de campo es tacleado detrás de la línea de golpeo, esto se llama **captura**. *Esta ala defensiva (de blanco) taclea al mariscal de campo para una captura.*

Los apoyadores

Antes de que el balón sea centrado, los apoyadores se ubican detrás de los linieros defensivos. Una vez centrado el balón, la función de los apoyadores es taclear al que tenga el balón. Un apoyador puede taclear a un corredor o a un ala abierta.

Si el mariscal de campo le entregó el balón a un corredor, los apoyadores taclean al corredor. Este apoyador (de blanco) taclea a un corredor.

La secundaria

La **secundaria** es un grupo formado por cuatro jugadores defensivos. Incluyen a dos esquineros y dos profundos o *safeties*. Cada esquinero **cubre** a un ala abierta. Cubrir a un jugador significa tratar de evitar que reciba un pase. Si un ala derecha atrapa un pase, un esquinero lo tacleará. **Profundos**

Los profundos son jugadores defensivos adicionales. Ellos van adonde se les requiere. Por ejemplo, los profundos usualmente ayudan a un esquinero a cubrir a la mejor ala abierta del equipo rival.

Arriba se ve a una esquinera de rojo. Ella evitó que el ala abierta atrapara un pase.

¡Intercepción!

La secundaria intenta atrapar los pases del equipo ofensivo. Cuando un jugador defensivo atrapa el pase de un oponente se llama **intercepción**. El jugador que hace una intercepción puede correr hacia la zona de anotación del oponente e intentar marcar un *touchdown*.

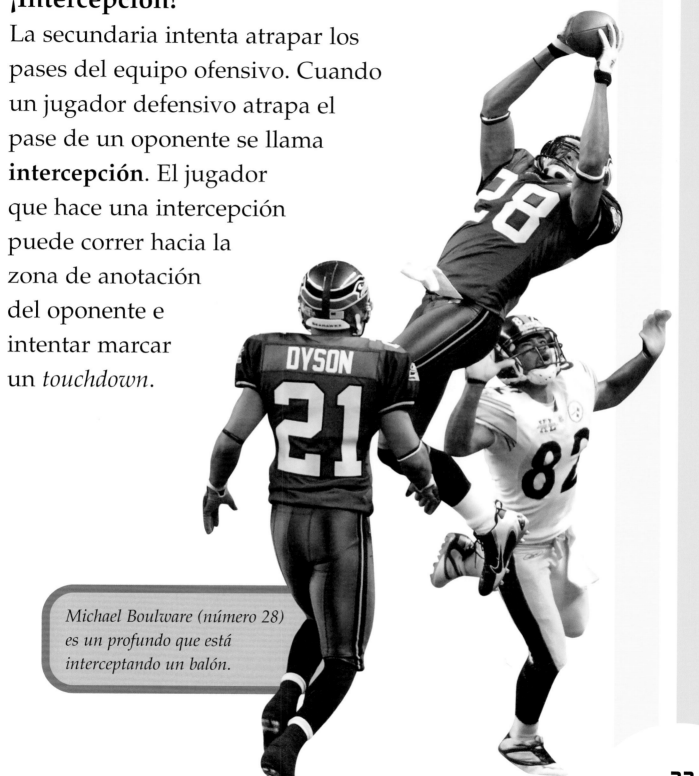

Michael Boulware (número 28) es un profundo que está interceptando un balón.

Equipos especiales

En las patadas de salida, las patadas de despeje y los goles de campo, los jugadores de los equipos especiales ingresan a la cancha. Los equipos especiales generalmente incluyen a un pateador o a un pateador de despeje. Ellos son los únicos jugadores que patean el balón.

En una patada de despeje, el centro le centra el balón al pateador de despeje. Este jugador despeja el balón lo más lejos posible.

Puntos extra

Después de que un jugador anota un *touchdown*, su equipo puede intentar conseguir un **punto extra**. Los jugadores de los equipos especiales ingresan al campo para conseguir el punto extra. Para patear un punto extra, el pateador dirige el balón a los postes del equipo rival. Si el balón pasa entre los postes, consigue un punto para su equipo.

Esta pateadora patea un punto extra para su equipo.

Sigue las reglas

En un partido de fútbol americano hay siete **árbitros**. Los árbitros se aseguran de que los jugadores cumplan las reglas. A veces, los equipos no están de acuerdo con la **decisión** de un árbitro relacionada con el cumplimiento del reglamento. Cuando sucede esto, el árbitro que tomó la decisión habla con los otros árbitros para escuchar sus opiniones. Así se asegura de que tomó la decisión correcta.

Estos árbitros discuten una decisión.

Aceptar las consecuencias

Cuando un jugador viola las reglas, su equipo recibe un **castigo**. Por ejemplo, si un jugador defensivo sujeta a un oponente que no tiene el balón, el equipo del defensor es castigado. Este castigo se llama **sujetando**. Cuando el equipo defensivo es castigado, el equipo ofensivo **gana yardas** y se acerca a la zona de anotación del oponente. Si el equipo ofensivo es castigado, **pierde yardas** y se aleja de la zona de anotación de su oponente.

pañuelo amarillo

Cuando un árbitro observa una falta, arroja un **pañuelo amarillo** al campo de juego.

Ligas

La **National Football League**, o **NFL**, es la **liga** de fútbol americano más importante del mundo. Una liga es un grupo de equipos que se enfrentan entre sí. La NFL está formada por 32 equipos de ciudades de todos los Estados Unidos. Es una **liga profesional**. A los jugadores de ligas profesionales se les paga por jugar un deporte.

El *Super Bowl*
El **partido final del campeonato** de la NFL se llama *Super Bowl*. El *Super Bowl* se juega todos los años en el mes de febrero. Tom Brady, que aparece arriba, es el mariscal de campo de los New England Patriots. Él ha llevado a su equipo a ganar tres veces el *Super Bowl*.

La NCAA

La **National Collegiate Athletic Association**, o **NCAA**, es una liga para los jugadores universitarios. Los partidos de fútbol americano universitarios son muy populares en los Estados Unidos. Muchos de los mejores jugadores universitarios se convierten en jugadores de la NFL.

La CFL

La **Canadian Football League**, o **CFL**, es la liga canadiense de fútbol americano profesional. El fútbol americano canadiense se juega en canchas más grandes que las del fútbol americano de los Estados Unidos. Los equipos tienen solamente tres intentos en vez de cuatro. El partido de campeonato de la CFL se llama **Copa Grey**. Damon Allen, que aparece a la derecha, juega en la CFL. Es uno de los mejores mariscales de campo de la historia.

¡Es tu turno!

Si deseas jugar al fútbol americano, probablemente puedas empezar enseguida. Unirte a una liga juvenil, como la **Pop Warner**, es una excelente manera de conocer nuevos amigos y aprender a jugar.

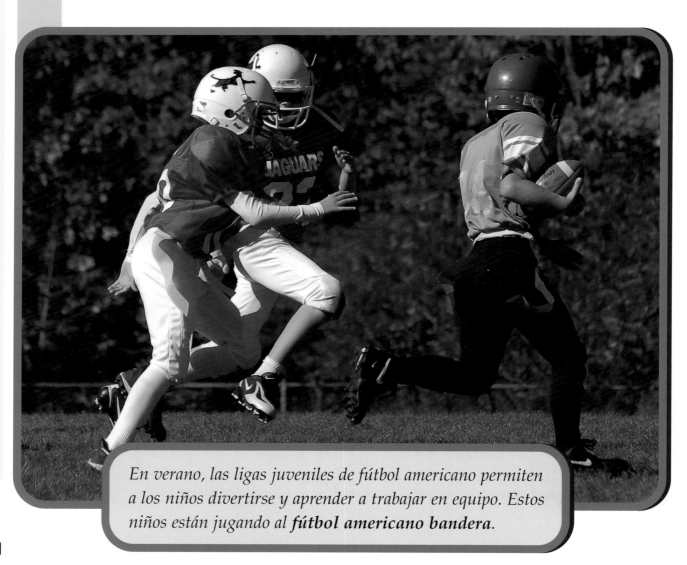

*En verano, las ligas juveniles de fútbol americano permiten a los niños divertirse y aprender a trabajar en equipo. Estos niños están jugando al **fútbol americano bandera**.*

Espíritu de equipo, espíritu escolar

Muchas escuelas tienen equipos de fútbol americano que cuentan con muchos aficionados. Unirte a un equipo de tu escuela es una excelente manera de comenzar a practicar este deporte. ¡Alentar a tu equipo también es divertido!

Estos muchachos se divierten jugando al fútbol americano.

Glosario

Nota: Es posible que las palabras en negrita que están definidas en el texto no figuren en el glosario.

alas defensivas (las) Los dos jugadores que están en el exterior de la línea defensiva

centrar La acción mediante la cual el centro le pasa el balón al mariscal de campo entre las piernas

equipos especiales (los) Un grupo de once jugadores que juegan durante las patadas

fuera del terreno de juego Describe un balón que ha salido por una línea lateral

fútbol americano bandera (el) Un tipo de fútbol americano donde no se taclea, sino que un jugador le debe quitar una bandera al oponente que lleva el balón

gol de campo (el) Balón que se patea hacia los postes del oponente; si pasa entre los postes, el equipo obtiene tres puntos

oponente (el) Jugador de otro equipo

partido de campeonato (el) Un partido que se juega para determinar cuál es el mejor equipo

pateador de despeje (el) El jugador ofensivo que patea el balón para despejarlo

pateador (el) El jugador ofensivo que patea los goles de campo, las patadas de salida y los puntos extra

posición (la) El área del campo donde un jugador hace su trabajo

taclear Derribar a un oponente

tacles defensivos (los) Los dos jugadores que están en el interior de la línea defensiva

touchdown **(el)** Anotación en la cual un jugador lleva el balón a la zona de anotación del oponente o atrapa el balón dentro de la zona de anotación del oponente

Índice

Impreso en Canadá